Das glibberig-glitschige Buch vom
SCHLEIM

© 2011 Marshall Editions
Die Originalausgabe ist bei Scholastic Inc. erschienen
Titel der Originalausgabe:
A Little Book of Slime

Redaktionsleitung: Miranda Smith
Projektleitung: Elise See Tai
Layout: Ali Scrivens
Herstellung: Nikki Ingram
Bildrecherche: Veneta Bullen

© 2012 für die deutsche Ausgabe:
arsEdition GmbH, 80714 München
Alle Rechte vorbehalten
Aus dem Englischen von Andreas Jäger
Textlektorat: Eva Wagner
Druck und Bindung in China

ISBN 978-3-7607-8682-7

www.arsedition.de

Das glibberig-glitschige Buch vom

SCHLEIM

Clint Twist

arsEdition

Inhaltsverzeichnis

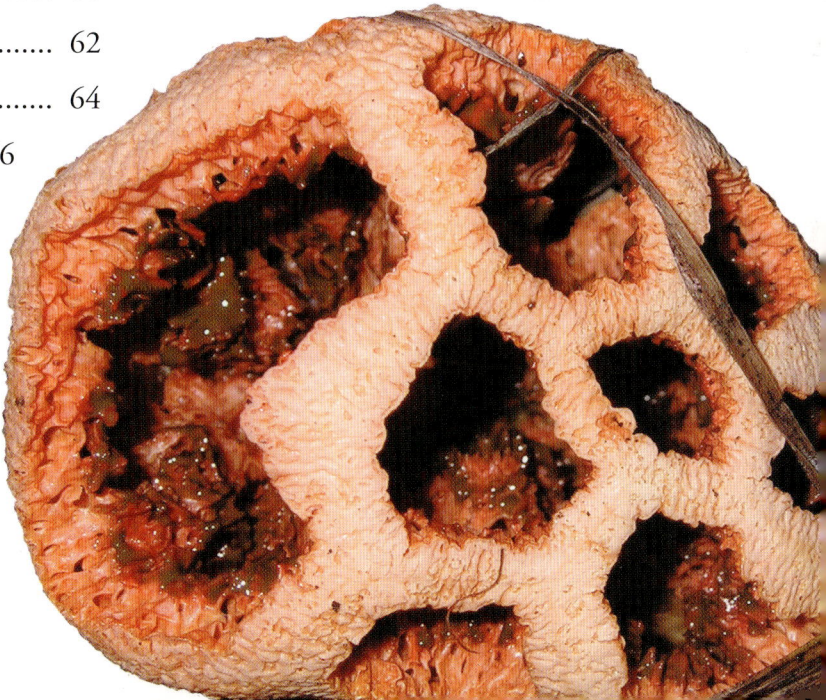

Der Rote Gitterling sondert einen klebrigen Schleim ab, aus dem neue Pilze wachsen können!

Was ist Schleim?

Was ist das? Es sieht schleimig aus und fühlt sich auch so an. Nun ja – es ist Schleim! Lebewesen können alle möglichen Arten davon produzieren – klebrige, halbflüssige Substanzen von Spucke bis hin zu Froschlaich. Chemiker sagen: Schleim ist ein Gemisch aus Wasser und bestimmten chemischen Stoffen, die ihm seine »Schleimigkeit« verleihen.

Gallertpilz,
S. 68

Schleim an und in Lebewesen

Häufig schützen Tiere ihren Körper oder einzelne Körperteile vor dem

Auswurf,
S. 60

Austrocknen mit Schleim, den sie selbst produzieren. Bei Amphibien und Schnecken ist der ganze Körper mit einer dünnen Schleimschicht überzogen. Auch in den Innenorganen findet sich Schleim, und zwar bei Amphibien ebenso wie bei Säugern, Vögeln und Reptilien, zum Beispiel als Schleimhaut in den Atemwegen, in Mund oder Darm. Neben Wasser besteht dieser Schleim vor allem aus Mucinen: Substanzen, die das Wasser dickflüssig machen.

Schleim als Lebewesen

Andere Schleimarten scheinen nicht von einem Lebewesen zu stammen – weil die Wesen selbst der Schleim sind! Beispielsweise bilden bestimmte Bakterien und Algen, wenn sie in großen Mengen auftreten, schleimige Schlieren im Wasser.

*Froschlaich,
S. 28*

Spezialschleim

Schleim enthält oft sehr spezielle Substanzen. Pflanzenschleim kann zum Beispiel klebrig sein, wie etwa der »Klebstoff« des Sonnentaus, einer fleischfressenden Pflanze. Der Hautschleim des Pfeilgiftfrosches hat gleich zwei Schutzfunktionen: Zum einen schützt die Feuchtigkeit das Tier vor dem Austrocknen, zum anderen hält das Gift im Schleim Feinde davon ab, den Frosch zu fressen. Der Stummelfüßer, eine Art Wurm mit Beinen, verspritzt eine klebrige Substanz, die an der Luft fest wird.

Ein bisschen Schleim muss sein

Auch wenn wir Schleim oft als eklig empfinden: Für Pflanzen, Tiere und andere Lebewesen ist er lebenswichtig – auch für uns Menschen! Denk daran, wenn du das nächste Mal Schleim in irgendeiner Form siehst: Er ist mehr als nur ein glibberiger Batzen Schmodder.

Schleimometer

In diesem Buch erhalten die verschiedenen Schleimarten Noten von 1 bis 10, je nachdem, wie schleimig, eklig oder gefährlich sie sind – je höher, desto bäh!

*Rote Tide,
S. 14*

*Speichel,
S. 58*

Schleimiges im Wasser

Schleim und Wasser vermischen sich nicht – aber das ist gerade das Gute am Schleim. Irgendwann löst sich jeder Schleim im Wasser auf, aber bis dahin erfüllt er eine wichtige Funktion.

Viele Wasserlebewesen nutzen Schleim auf unterschiedliche Weise: Der Schleimaal und die Seegurke halten sich damit Fressfeinde vom Leib. Wenn es um das schleimigste Lebewesen überhaupt geht, ist der Schleimaal ein heißer Favorit. Lungenfische können mithilfe ihrer Schleimschicht Trockenzeiten überstehen. Froscheier (Laich) werden ebenfalls durch eine dicke Schleimschicht vor dem Austrocknen geschützt. Manchmal ist der Schleim auch das Lebewesen selbst: Die Kahmhaut auf Teichen etwa oder die Rote Tide im Meer.

Frisch geschlüpfte Kaulquappen befreien sich von ihrer schleimigen Eihülle.

Schleimiges im Wasser

Kahmhaut

Der glitschige, meist grüne Belag, der sich im Sommer auf der Oberfläche von Teichen bildet, heißt Kahmhaut. Tatsächlich handelt es sich um eine Ansammlung winzigster Lebewesen.

Schleimometer

Sieht ziemlich eklig aus. Ist es auch, aber in einem solchen Teich würdest du sowieso nicht baden wollen.

Gesamtwertung: 3

Bakterien-Kolonien

Die Kahmhaut auf einem Teich ist keine Pflanze, kein Tier und auch kein Pilz. Sie besteht vielmehr aus zahlreichen winzigen, meist einzelligen Lebewesen. Jedes einzelne davon ist eine Art winzige Schleimkugel. Sie bilden Kolonien, die durch lange Filamente (Fäden, Fasern) zusammengehalten werden.

Mikroskopisch klein

Diese Lebewesen heißen Cyanobakterien oder auch Blaualgen (obwohl es keine Algen sind). Nur unter dem Mikroskop sind die Individuen der Kolonie zu erkennen.

Sauerstoff-Fabrik

Cyanobakterien gehören zu den ältesten Lebewesen der Erde! Wie Pflanzen können sie mithilfe des Sonnenlichts Energie und Sauerstoff erzeugen. Sie waren die Ersten, die in der Erdatmosphäre Sauerstoff erzeugt und damit weiteres Leben ermöglicht haben. Doch wenn die Kahmhaut überhandnimmt, ist das ein Zeichen dafür, dass im Teich zu wenig Sauerstoff vorhanden ist, sodass Pflanzen und Fische sterben können.

Die grünen Fäden der Cyanobakterien sind dicht miteinander verwoben.

Die roten Flecken sind kleinste Schmutzteilchen.

Diese Cyanobakterien-Kolonie sieht aus wie ein Seeigel.

Schleimalarm!
Wenn du die Kahmhaut versehentlich angefasst hast, wasch dir danach unbedingt die Hände: Viele Blaualgen-Arten sind giftig!

Schleimiges im Wasser

Feuerwalze

Stell dir vor, du schwimmst im Meer, und plötzlich begegnet dir ein riesiger, schleimiger Schlauch, der auch noch pulsierend leuchtet! Keine Angst, das ist kein Meeres-Alien – sondern eine sehr spezielle Tierart: Salpen oder Manteltiere. Sie bilden schlauchartige Kolonien, die Feuerwalzen.

Schwimmende Kolonie

Eine Feuerwalze ist eine Kolonie aus Tausenden winziger Einzeltiere (sogenannte Zooiden).

Eine halbfeste, schleimige Masse hält sie zusammen und bildet eine Art Röhre, die an einem Ende geschlossen ist.

Plankton-Filter

Die Feuerwalze bewegt sich voran, indem sie das Wasser durch das offene Ende des Rohrs drückt. Die Einzeltiere in der Kolonie werden nicht größer als 6 mm. Sie ernähren sich von Plankton, das sie beim Voranschwimmen aus dem Wasser filtern. Feuerwalzen können leuchten, das nennt man Biolumineszenz. Warum sie das tun, haben die Wissenschaftler noch nicht herausgefunden.

Feuerwalzen können mehrere Meter lang werden. Man findet sie gelegentlich im flachen Wasser vor den Küsten.

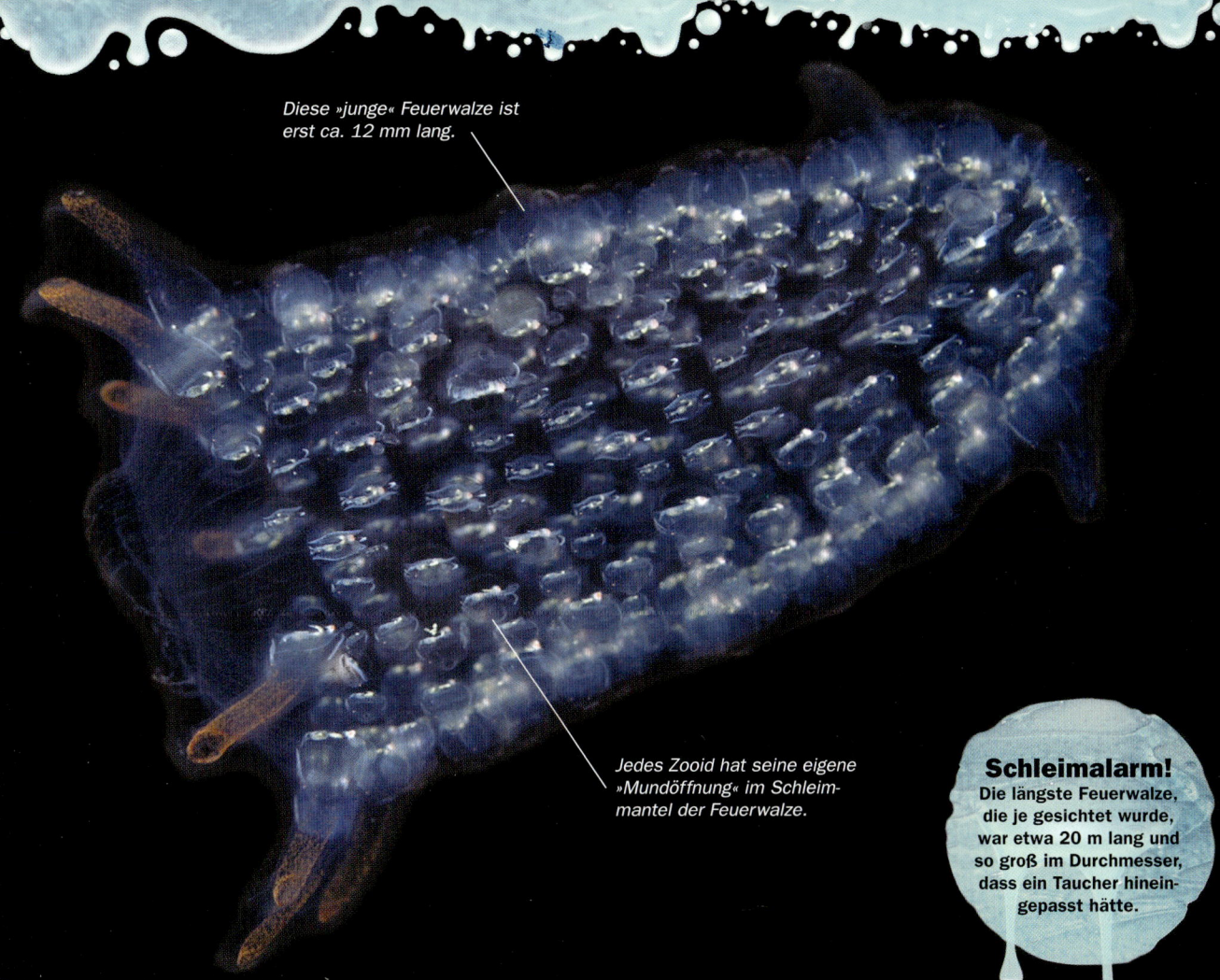

Diese »junge« Feuerwalze ist erst ca. 12 mm lang.

Jedes Zooid hat seine eigene »Mundöffnung« im Schleimmantel der Feuerwalze.

Schleimalarm!
Die längste Feuerwalze, die je gesichtet wurde, war etwa 20 m lang und so groß im Durchmesser, dass ein Taucher hineingepasst hätte.

Rote Tide

Wer am Meer Urlaub macht, wünscht sich Sonne, Sand und saube-res Wasser. Auf ein Bad oder eine Bootsfahrt in stinkendem, rotem, giftigem Schleim hat niemand Lust. Aber genau so sieht die »Rote Tide« oder »Rote Flut« aus, eine sogenannte Wasserblüte.

Schleimometer

Rot, schleimig, stinkig und giftig? Das kann nur eine schlechte Note geben!

Gesamtwertung: 8

Falsche Blüten

Obwohl wir es »Blüte« nen-nen, hat diese Erscheinung nichts mit den Blüten zu tun, die wir von Blumen und Sträuchern kennen. Wir nennen es nur so, wenn sich einzellige Lebewesen, wie Algen (Algenblüte) oder wie hier sogenannte Dinofla-gellaten explosionsartig vermehren, sodass sie rie-sige Wasserflächen mit ihrer schleimigen Masse bedecken.

Wenn diese Masse an Land gespült wird, kann das problematisch werden.

Giftiges Wasser

Manche Algen- oder Dinoflagel-laten-Arten, die solche »Blüten« bilden, sind giftig. Bei der großen Menge an Einzellebewesen reichert sich so viel Gift an, dass Meerestiere wie Muscheln oder Seevögel daran zugrunde gehen. Essen Menschen Muscheln oder Fische, die diese Gif-te aufgenommen haben, können sie krank werden oder sogar sterben.

Mikroskopisch kleine Lebewesen wie dieser Dinoflagellat (ein algenähnlicher Einzeller) sind die Ursache für die Rote Tide.

Der Name »Rote Tide« kommt von bestimmten Farbstoffen in den Dinoflagellaten, die auch Geißeltier-chen genannt werden.

Eine größere Rote Tide kann einen wunderschönen Küstenabschnitt in giftiges Ödland verwandeln.

Schleimalarm!
In einem Liter Wasser
stecken bis zu
30 Millionen einzelne
Dinoflagellaten, die
Gift absondern!

Lungenfisch

In bestimmten Regionen Afrikas und Südamerikas fällt nur sehr selten Regen. Lungenfische können diese Trockenzeiten überleben, indem sie ihren Körper mit einer dicken Schleimschicht schützen und sich im Schlamm eingraben.

Lebensgefahr

Normalerweise atmen Fische mit Kiemen: Diese Organe filtern den Sauerstoff aus dem Wasser heraus. Süßwasserfische in kleinen Gewässern sterben, wenn das Gewässer austrocknet. Lungenfische sind gegen diese Gefahr gewappnet.

Sonderausstattung

Wie Landtiere atmen Lungenfische mit ihren Lungen Luft. Wenn der Wasserspiegel sinkt, können sie im Schlamm mit ihrem »Schleimkleid« monatelange Trockenheit überstehen.

Schleimometer

Der glitschige Schleim rettet nicht nur das Leben seines Besitzers, sondern schadet auch keinem anderen Lebewesen.

Gesamtwertung: 2

Doppelt nützlich

Der Schleim sorgt dafür, dass die Haut des Lungenfischs feucht bleibt. Zudem schützt er während der Trockenzeit den wehrlosen Fisch vor Insekten und Parasiten.

Lungenfische verfügen über eine sehr einfach gebaute, röhrenförmige Lunge.

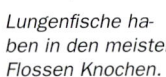

Lungenfische haben in den meisten Flossen Knochen.

Sie müssen regelmäßig auftauchen, um durch das Maul Luft zu holen.

Schleimalarm!
Im Extremfall kann ein Lungenfisch bis zu vier Jahre ohne Wasser überleben.

Schleimiges im Wasser

Schleimaal

Der Schleimaal gilt als das ekligste Meerestier der Welt – einerseits wegen seiner unappetitlichen Ernährungsweise, vor allem aber, weil er den zähesten Schleim der Welt absondert.

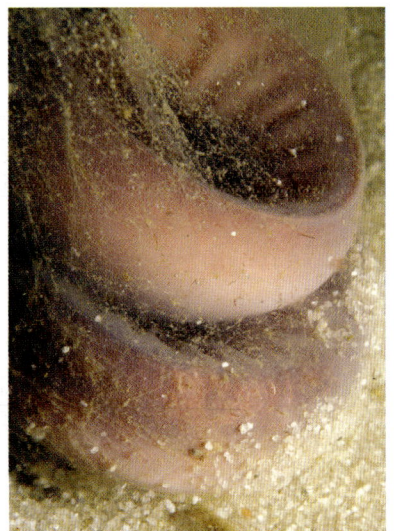

Zusammengerollter Schleimaal: ein Meister der Selbstverteidigung

Falscher Aal

Schleimaale leben am Meeresboden und ernähren sich von toten und sterbenden Tieren, die dort liegen. Trotz ihres Namens sind sie nicht mit den Aalen verwandt, sondern gehören zu einer speziellen Tiergruppe, den sogenannten Kieferlosen (Agnatha).

Schleimometer

Für die ungeheuren Schleimmengen und weil er wirklich ein Ekelpaket ist, verdient der Schleimaal eine hohe Punktzahl.

Gesamtwertung: 9

Schützender Schleim

Schleimaale können weder schnell schwimmen, noch haben sie kräftige Zähne, um sich zu verteidigen. Gegen Feinde wehren sie sich anders: Sie überziehen ihren ganzen Körper mit einem extrem klebrigen Schleim. So verwandelt der Schleimaal in kürzester Zeit das Wasser um sich herum in eine dicke, gallertartige Masse, die die Kiemen des Angreifers verklebt – eine wirksame Abschreckung!

Knotentrick

Mit einem Trick kann der Schleimaal sich von seinem eigenen Schleim befreien: Sobald er den Angreifer vertrieben hat, verknotet er seinen Körper und streift so seine klebrige Hülle ab.

Der Schleim wird durch diese reihenförmig angeordneten Poren an der Unterseite des Schwanzes herausgepresst.

Schleimalarm!
Innerhalb von fünf Minuten verwandelt ein 30 cm langer Schleimaal 20 Liter Meerwasser in ein glibberiges Gelee.

Schleimiges im Wasser

Qualle

Auch wenn sie sehr schleimig aussehen – vor allem, wenn sie am Strand angespült herumliegen –, sind Quallen nicht schleimiger anzufassen als andere Meerestiere. Doch das Innenleben einer Qualle besteht praktisch nur aus Schleim.

Diese frisch ge-schlüpften Quallen haben einen Durch-messer von etwa 4 mm.

Die Quallen ge-hören zur Gruppe der Nesseltiere.

Schwimmender Schleimsack

Quallen haben kein Skelett. Ihr glockenförmiger Körper besteht zu 97 % aus Wasser. Geformt wird er aus einer äußeren und einer inneren Hülle mit einer gallert-artigen Masse dazwischen.

Die Qualle bewegt sich fort, indem sie mit einfachen Muskelzellen nach dem Rückstoßprinzip das Wasser rhythmisch aus der »Glocke« heraus-presst. Mit ihren giftigen Tentakeln fängt sie ihre Nahrung, kleine Fische.

Stachel mit Schleimantrieb

Die Tentakel von Quallen können bis zu 40 m lang werden und sind mit Nesselzellen versehen. In jeder Nesselzelle steckt eine Art Schlauch mit einem spitzen Ende. Wenn ein Fisch die Nesselzelle berührt, wird Schleim in sie hineingedrückt. Dadurch stülpt sich der Schlauch blitzschnell aus, rammt seine Spitze in den Fisch und spritzt ihm das Gift in den Körper. Dann wird der Tentakel wieder eingezogen und führt die Beute an die Mundöff-nung der Qualle, die unterhalb der Glocke sitzt.

Schleimometer

Sie sieht extrem schleimig aus und hat ein überaus glibberi-ges Innenleben – da-mit verdient die Qualle eine hohe Punktzahl.

Gesamtwertung: 7

Schleimalarm!
Die größte Quallen-Art ist wahrscheinlich die Gelbe Haarqualle. Sie sollen einen Durchmesser von rund 2 m erreichen und ebenso lange Tentakel haben!

Schleimiges im Wasser

Seegurke

Seegurken sind weiche, schleimige Tiere ohne Skelett, die auf dem Meeresboden leben und dort langsam herumkriechen. Oft sind sie in großer Zahl anzutreffen. Erstaunlicherweise sind sie nah verwandt mit den harten, stacheligen Seeigeln.

Schleimometer

Diese glibberigen Kreaturen sind zwar keine großen Schleimschleudern, doch glitschig und klebrig ist das Zeug allemal – und manchmal sogar giftig!

Gesamtwertung: 5

Tödlicher Schleim

Die meisten Seegurken-Arten ernähren sich mithilfe ihres klebrigen Schleims. Aber die Arten, die in Korallenriffen leben, benutzen ihn auch zur Verteidigung: Bei Gefahr schleudert die Seegurke lange Schleimfäden aus ihrem Hinterleib, die auch für größere Angreifer zur klebrigen Falle werden.

Staubsauger der Meere

Seegurken fressen verrottende Pflanzen und tote Tiere, die im Meer zu Boden sinken. Während sie mit ihren winzigen röhrenförmigen Füßchen über den Boden kriechen, bleiben an den schleimigen Tentakeln Nahrungsteilchen hängen.

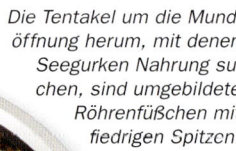

Die Tentakel um die Mundöffnung herum, mit denen Seegurken Nahrung suchen, sind umgebildete Röhrenfüßchen mit fiedrigen Spitzen.

An den Spitzen der Tentakel haftet klebriger Schleim. Daran bleiben Nahrungsteilchen hängen.

An der kleinen Mundöffnung erkennt man, dass die Seegurke nur winzige Nahrungsteilchen zu sich nimmt.

Schleimalarm!
Bestimmte Fisch-Arten sind immun gegen das Gift der Seegurke. Sie richten sich in ihrem Verdauungstrakt häuslich ein!

Schleimiges im Wasser

Meeresschnecke

Meeresschnecken gleiten ähnlich über den Meeresboden, wie es Landschnecken auf der Erde tun. Während ihre Verwandten an Land schlicht grau oder braun gefärbt sind, tragen Meeresschnecken auffällige, leuchtende Farben.

Schutzschicht gegen Salz

Landschnecken brauchen eine Schutzhülle aus Schleim, um nicht auszutrocknen. Im Meer schützt eine solche Schleimhülle die Schnecken vor dem Salzwasser, damit es sich nicht mit dem viel »süßeren« Wasser im Körper der Schnecke vermischt. Meeresschnecken atmen mit Kiemen. Bei manchen Arten sind die Kiemen groß und auffällig und stehen wie Federn vom Körper ab.

Aus winzigen Poren in der Haut dringt der Schleim, der die fast unsichtbare Schutzschicht bildet.

Mit fiedrigen Kiemen wird der Sauerstoff aus dem Wasser gefiltert.

Bunte Räuber

Einige Arten sind Pflanzenfresser, doch die meisten sind Räuber. Sie leben in der Regel auf dem Meeresboden, wo manche von ihnen sogar andere Meeresschnecken jagen. Andere haben sich auf Seeanemonen oder Schwämme als Nahrung spezialisiert. Wieder andere Arten leben an der Wasseroberfläche und fangen vorbeidriftende Quallen.

Schleimalarm!
Bei Gefahr sondern manche Arten einen Schwall roter oder violetter Flüssigkeit ab, der den Angreifer verwirren und vertreiben soll.

Schleimiges im Wasser

Seehase

Wenn du bei Ebbe am Strand entlangläufst, findest du oft große Mengen nassen Tangs. Schau ihn dir genau an: Manchmal kannst du schleimige Spuren darin entdecken! Hier hat ein Seehase seine Mahlzeit verspeist.

Schleimometer

Macht es dir Spaß, in einen glibberigen Berg Tang zu greifen? Dann wirst du ziemlich sicher auch Seehasen-Schleim an die Finger bekommen!

Gesamtwertung: 3

Nur nicht auffallen

Der Seehase ist eine pflanzenfressende Meeresschnecken-Art und lebt in flachen, küstennahen Gewässern. Im Gegensatz zu seinen bunten, fleischfressenden Verwandten ist der Seehase genauso unauffällig braun gefärbt wie seine Nahrung, der Tang. So ist er gegenüber seinen Fressfeinden getarnt.

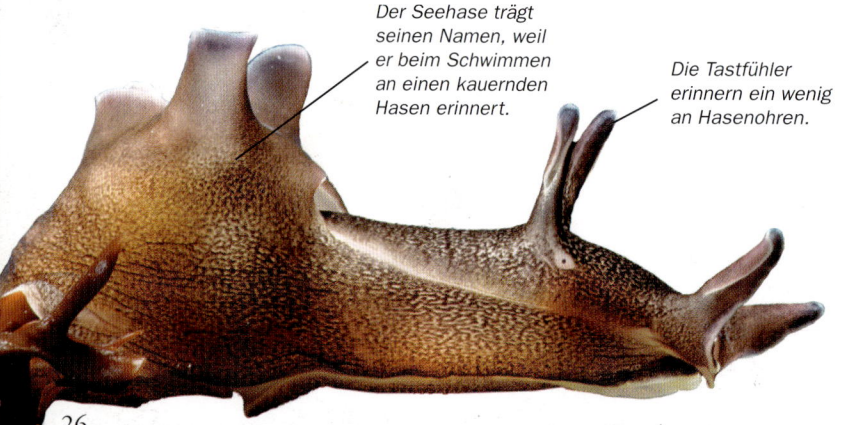

Der Seehase trägt seinen Namen, weil er beim Schwimmen an einen kauernden Hasen erinnert.

Die Tastfühler erinnern ein wenig an Hasenohren.

Geflügelter Hase

Einige Seehasen-Arten können ihren Feinden regelrecht »davonflattern«, und zwar mithilfe großer Lappen, zu denen der Fuß an beiden Seiten verbreitert ist. In Ruhe sind diese Hautlappen eingerollt und nicht sichtbar. Doch wenn der Seehase fliehen muss, entfaltet er sie wie Flügel und schwimmt mit wellenförmigen Bewegungen davon.

Schleimalarm!
Der Kalifornische Schwarze Seehase wird größer als alle Landschnecken und kann ein Gewicht von mehr als 2 kg erreichen.

Froschlaich

Jahr für Jahr im Frühling tauchen in Teichen, Seen und langsam fließenden Bächen auf der ganzen Welt dicke Schleimklumpen auf, entweder an der Oberfläche schwimmend oder um Wasserpflanzen gewickelt: Das ist Amphibienlaich.

Schleimometer

Froschlaich stinkt nicht, ist aber auf jeden Fall glitschig, klebrig, schleimig und schmierig – und es gibt jede Menge davon!

Gesamtwertung: 7

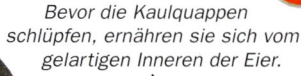

Unmengen von Eiern

Diese Glibberklumpen sind die Eier von Fröschen und Kröten. Anders als bei Vögeln und Reptilien sind sie weich und glitschig und haben keine Kalkschale.

Schützender Schleim

Frösche und Kröten gehören zu den Amphibien, das sind Tiere, die teils im Wasser und teils an Land leben. Sie haben weder Fell noch Federn oder Schuppen zum Schutz der Haut. Doch die Schleimschicht hält ihre Haut schön feucht, wenn sie sich an Land aufhalten.

Bevor die Kaulquappen schlüpfen, ernähren sie sich vom gelartigen Inneren der Eier.

Die Eier kleben in großen, glibberigen Klumpen zusammen.

In der Mitte der Eier kann man schon die winzigen Kaulquappen erkennen.

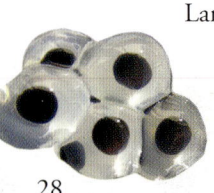

Schleimalarm!
In einer Gegend, in der es viele Amphibien, aber nur wenige stehende Gewässer gibt, kann im Frühling ein kleiner Teich schon mal vor Laich überquellen.

Schleimiges an Land

An Land ist Schleim noch viel wichtiger und nützlicher als im Wasser, und er kann lebensrettend sein, wenn Wasser knapp ist. Manche Lebewesen setzen ihn aber auch ein, um damit Nahrung zu beschaffen oder Feinde zu töten.

Für viele landlebende Tiere, wie Amphibien (Frösche, Kröten, Molche) und Weichtiere (Tiere ohne Skelett, aber manchmal mit harter Schale, z. B. Schnecken), ist Schleim lebensnotwendig. Sie müssen ihren Körper mit einer Schleimschicht umhüllen, um nicht auszutrocknen. Bestimmte Frosch- und Zikaden-Arten stellen einen schleimigen Schaum her, um ihre Jungen zu schützen. Glühwürmchen sowie eine sehr spezielle Tiergruppe, die Stummelfüßer, setzen klebrige Schleimfallen gegen Feinde oder zum Beutefang ein. Der Schleim der Aga-Kröte ist giftig. – Doch nicht nur Tiere, sondern auch manche Pflanzen und Pilze können Schleim hervorbringen.

Die Schaumzikaden-Larve links versteckt sich in einem Nest aus schleimigen Blasen.

Pfeilgiftfrosch

Das Pfeilgiftfrosch-Männchen rechts ist über und über mit Schleim bedeckt, wie es sich für gute Froscheltern gehört.

Damit hält es seine zwei Kaulquappen schön feucht, während es sie in ein neues Nest trägt.

Baumbewohner

Frosch-Arten, die in Teichen leben, können ihre Kaulquappen sich selbst überlassen. Doch im süd- und mittelamerikanischen Regenwald herrscht Mangel an Teichen. Pfeilgiftfrösche leben auf Bäumen. Ihnen genügen die kleinen Wasserpfützen, die bestimmte Pflanzen, die auf Baumästen wachsen, am Grund ihres dichten Blattwerks bilden. Wird den Kaulquappen die Pfütze zu klein, trägt das Männchen sie in eine größere.

Glitschige Haut

Frösche gehören zu den Amphibien, und in dieser Tiergruppe haben alle Arten eine sehr schleimige Haut. Wenn es Zeit ist, die Jungen in ein neues Heim zu tragen, sondert die Haut des Männchens besonders viel Schleim ab. Für alle anderen Tiere ist der Schleim giftig.

Schleimometer

Über und über mit Schleim bedeckt, von dem er bei Bedarf sogar noch mehr herausquetschen kann – damit verdient der Pfeilgiftfrosch Extrapunkte für sein Gift.

Gesamtwertung: 7

Der Schleim kommt aus Poren in der Haut des Frosches.

Amphibien können als ausgewachsene Tiere ebenso über die Haut atmen wie über die Lunge – dazu muss die Haut aber immer feucht sein.

Schleimalarm!
Pfeilgiftfrosche brauchen
keine Tarnfarben, um sich
zu schützen – im Gegenteil:
Ihre leuchtenden Farben
warnen Fressfeinde:
»Ich bin giftig!«

Grauer Baumfrosch

Wenn du durch einen tropischen Regenwald wanderst oder in einem tropischen Gewässer schwimmst, kannst du nie genau wissen, was so von den Bäumen herunterfällt und auf deinem Kopf landet … Wenn du Pech hast, ist es ein Batzen schleimiger, zappelnder Kaulquappen!

Kinderstube aus Schaum

Der Graue Baumfrosch legt seinen Laich nicht in Teichen ab, sondern baut ein Nest hoch oben in den Wipfeln von Bäumen, die über einem Teich oder Fluss stehen. Er sucht sich ein eingerolltes Blatt und füllt es mit Schaum, den er aus seinem Schleim schlägt. In dieses Schaumnest werden die Eier gelegt und dann sich selbst überlassen.

Sturz in die Freiheit

Der Schaum hält die heranreifenden Eier und Kaulquappen feucht und schützt sie vor Fressfeinden wie Spinnen. Doch sie sind in ihrem Nest auch gefangen. Wenn sie eine bestimmte Größe erreicht haben, werden sie für das eingerollte Blatt zu schwer: Es klappt auf, und die Kaulquappen fallen in das Gewässer unter dem Baum.

Schleimometer

Schleimige Kaulquappen, die einem auf den Kopf fallen – das ist ja wohl igitt hoch drei! Dafür gibt's viele Schleimpunkte.

Gesamtwertung: 8

Der Schaum hält etwa sechs Tage – so lange dauert es, bis die Kaulquappen schlüpfen.

Wenn diese Kaulquappen ins Wasser fallen, beginnen sie sofort zu schwimmen.

Manchmal bauen mehrere Weibchen ein gemeinsames größeres Nest.

Schleimalarm!
Im Durchschnitt enthält das Nest eines Grauen Baumfrosches etwa einen halben Liter schleimigen Schaum und beherbergt rund 800 Eier.

Kalifornischer Gelbbauchmolch

Diese nordamerikanische Molch-Art lebt überwiegend an Land. Eine Schleimhülle verhindert, dass der Molch austrocknet. Außerdem schützt ihn der Schleim vor Fressfeinden.

Scheu und schleimig

Zur Fortpflanzungszeit kommen Kalifornische Gelbbauchmolche in Massen an langsam fließende Flüsse und Bäche, um abzulaichen. Während des restlichen Jahres halten sie sich an kühlen Stellen auf, z. B. unter Steinen oder umgestürzten Baumstämmen. Ihre Fressfeinde lassen die Pfoten von ihnen, denn sie wissen: Der Schleim ist tödlich giftig.

Lähmendes Gift

Der Schleim enthält einen Stoff mit dem Namen Tetrodotoxin, der tausendmal giftiger ist als Zyankali! Bisher ist kein Gegengift bekannt. Tetrodotoxin ist ein Nervengift und bewirkt eine Lähmung der Muskulatur. Das Opfer erstickt, weil die Atemmuskeln aussetzen. Der Kalifornische Gelbbauchmolch hat keine Giftdrüsen. Forscher vermuten derzeit, dass er das Gift aus Bakterien bildet, die er frisst.

Schleimometer

Nicht nur total verschleimt, sondern auch noch tödlich giftig – das verdient eine hohe Punktzahl.

Gesamtwertung: 8

Ein ausgewachsener Kalifornischer Gelbbauchmolch ist ca. 16 cm lang.

Schleimalarm!
Mit nur einem Gramm Tetrodotoxin aus dem Schleim kann man an die 2000 erwachsene Menschen töten!

Wasserreservoirfrosch

In den großen Halbwüsten Australiens lebt ein Tier, das eine schleimige Antwort auf die langen Trockenperioden ohne einen einzigen Tropfen Regen gefunden hat: der Wasserreservoirfrosch.

Plötzliche Wolkenbrüche

Im australischen Outback sind Regenfälle schwer vorhersagbar. Es kann sein, dass mehr als ein Jahr lang kein einziger Tropfen fällt, und dann verwandelt plötzlich ein sturzbachartiger Wolkenbruch den Boden in eine einzige große Schlammpfütze. Das nutzt der Wasserreservoirfrosch aus und nimmt so viel Wasser auf, wie er nur kann.

Schleimometer

Da er seinen schleimbedeckten Körper gut versteckt hält, gibt es für den Wasserreservoirfrosch eine niedrige Punktzahl.

Gesamtwertung: 1

Solange der Frosch in seiner Grube sitzt, bedeckt ausgehärteter Schleim seinen ganzen Körper.

Schleimiger Kokon

Solange der Boden noch von der Feuchtigkeit durchweicht ist, gräbt das Tier sich etwa 80 cm tief ein. Dann wird die Schleimschicht, die seinen Körper umhüllt, hart und bildet einen wasserdichten Kokon. So wartet der Frosch einfach den nächsten Regenguss ab. Die Ureinwohner Australiens kennen diese Überlebensstrategie. Sie spüren die Frösche in ihren Verstecken auf, graben sie aus und erfrischen sich dann mit ihrem Wasser.

In diesem Kokon übersteht der Wasserreservoirfrosch bis zu zwei Jahre ohne Regen.

Schleimalarm!
Erstaunlicherweise ist das Wasser, das man aus diesen Fröschen gewinnen kann, einwandfrei frisch und bekömmlich.

Schleimiges an Land

Aga-Kröte

Die Aga-Kröte ist ein richtiges Monstrum unter den Amphibien. Am Hinterkopf des ausgewachsenen Tiers sitzen Drüsen, aus denen es einen milchig weißen, hochgiftigen Schleim absondert. Die Kröte ist ein gefräßiger Jäger und schlingt ihre Beute am Stück herunter.

Schleimometer

Riesig, hässlich und dann auch noch voller giftigem Glibberschleim – diese Kröte ist nicht nur schleimig, sie ist auch gefährlich!

Gesamtwertung: 8

Diese milchig weißen Tröpfchen sind pures Gift.

Riesenkröte

Eine ausgewachsene Aga-Kröte kann bis zu 30 cm lang und mehr als 2 kg schwer werden. Sie ernährt sich von verschiedenen kleinen Tieren, wie Mäusen, kleinen Vögeln, Eidechsen, Fröschen und Wirbellosen. Ursprünglich ist sie in Mittelamerika beheimatet. In der Hoffnung, damit der Insektenplage in den Zuckerrohrplantagen Herr zu werden, brachte der Mensch sie in andere Länder. Doch durch ihre unkontrollierte Vermehrung wurde sie schließlich selbst zum Problem.

Giftiger Schleim

Nicht nur, dass die vielen Aga-Kröten sowohl Wildtiere als auch Haustiere gefährden – ein Riesenproblem ist auch ihr giftiger Schleim. Die Giftstoffe werden Bufotoxine genannt und sind für alle Tiere gefährlich, außer für die Kröten selbst.

Die Ohrspeicheldrüsen sitzen hinter den Augen. Sie sondern den extrem giftigen Schleim ab.

Schleimalarm!
Komm bloß nicht auf die Idee, eine fette Aga-Kröte gäbe einen leckeren Braten ab! Menschen, die Aga-Kröten gegessen haben, sind daran gestorben.

Stummelfüßer

Stummelfüßer leben im Regenwald. Nachts gehen sie in verrottendem Holz auf die Jagd. Leise schleichen sie sich an ihre ahnungslose Beute heran – und fangen sie in einem Netz aus klebrigen Schleimfäden.

Schleimometer

Er krabbelt und kriecht und verspritzt seinen ekligen Klebeschleim – der Stummelfüßer ist ein wahres Schleimmonster!

Gesamtwertung: 7

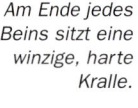

Am Ende jedes Beins sitzt eine winzige, harte Kralle.

Leim-Attacke

Vorn am Kopf sitzen zwei empfindliche Antennen, mit denen der Stummelfüßer seine Beute aufspürt. Direkt dahinter befinden sich seine »Leim-Kanonen«, ein Drüsenpaar, aus dem er klebrigen Schleim auf die Beute abfeuert. Der Schleim trocknet schnell und macht die Beute bewegungsunfähig. So kann der Stummelfüßer sie in aller Ruhe auffressen.

Wurm mit Füßen

Stummelfüßer werden rund 12 cm lang. Ihre Heimat sind vor allem die tropischen Regionen der Südhalbkugel, aber auch Wälder in gemäßigten Zonen. Sie sehen ein bisschen aus wie Raupen, doch es sind ausgewachsene Tiere, die ihren Schleim geschickt einsetzen.

Mit diesen Tentakeln kann der Stummelfüßer zugleich schmecken, riechen und tasten – ideal für einen nachtaktiven Jäger.

Die Schleimdrüsen im Kopf machen rund 10 % des Körpergewichts aus.

Schleimalarm!
Nach der Jagd frisst der Stummelfüßer den hart gewordenen restlichen Schleim auf und recycelt ihn für den nächsten Angriff.

Trauermücke

In den düsteren Wäldern und Höhlen Neuseelands leuchten im Dunkeln kleine Lichtlein. Insekten, die von diesem Licht angelockt werden, fliegen in die Falle: Sie bleiben in langen, klebrigen Schleimfäden hängen.

Leimruten

Die madenähnlichen Larven der Trauermücke sind die Verursacher dieser leuchtenden Schleimfäden, die sie wie Angelruten aushängen. Nach dem Schlüpfen kriechen diese Larven an die Decke einer Höhle oder ins Geäst eines Baums.

Ausgewachsene Trauermücken fressen nicht mehr – ihre Aufgabe ist es nur noch, sich fortzupflanzen.

Aus den Eiern schlüpfen räuberische Larven.

Schleimometer

Mit ihren klebrigen, schleimigen Angelruten sind die Trauermücken-Larven trickreiche kleine Schleimproduzenten.

Gesamtwertung: 5

Chemisches Leuchten

Oben angekommen, spinnen die Larven lange seidenartige Fäden und lassen sie als Köder herabhängen. Die Larve scheidet giftigen Schleim aus und lässt ihn an dem Faden herabrinnen. Dort bildet er Ketten von Tropfen. Ein Stoff aus ihrem Hinterleib leuchtet im Dunkeln. Insekten, die dieses Licht anfliegen, bleiben in den klebrigen Tropfen hängen. Nun holt die Larve den Faden ein und macht sich über ihr Opfer her.

Schleimalarm!
Mit einer Geschwindigkeit von 2 mm pro Sekunde holen die Larven ihre »Angelruten« mit der im Schleim gefangenen Beute ein.

Schleimiges an Land

Schnecken

Fast jeder von uns ist schon einmal mit Schneckenschleim in Berührung gekommen. Überall auf ihrem Weg hinterlassen Schnecken eine glitzernde Schleimspur: auf Pflanzen und Blättern, auf Steinen, Mauern und am Weg.

Hülle aus Schleim

Schnecken gibt es auf der ganzen Welt – außer in den ganz kalten Regionen. Ihr Körper ist mit einer dünnen Schleimschicht ummantelt. Die braucht das Tier unter anderem zur Fortbewegung.

Auf großem Fuß

Schnecken haben keine Beine – die ganze Unterseite ihres Körpers ist ein einziger Fuß. Auf einer Schleimschicht gleitet die Schnecke voran. Damit kann sie auch senkrecht und sogar kopfüber kriechen!

Schleimometer

Schnecken kommen überallhin! Für die Schleimdrüse im Schneckenfuß und dafür, dass sie überall ihre schleimige Spur hinterlassen:

Gesamtwertung: 5

Bei Trockenheit zieht sich die Schnecke in ihr Gehäuse zurück und verschließt die Öffnung mit einem Schleimpfropfen.

Getrockneter Schneckenschleim glitzert im Sonnenlicht silbrig.

46

Schleimalarm!
Die größten Schnecken
der Welt leben in Afrika:
Sie können bis zu 40 cm
lang werden und mehr
als 1 kg Gewicht
erreichen!

Bananenschnecke

Im warmen Regenwald an der Nordwestküste der USA gibt es keine Bananen. Dafür leben hier dicke, fette, schleimige, gelbe Bananenschnecken!

Schnecken ohne Haus

Im Gegensatz zu den Gehäuseschnecken haben Nacktschnecken kein Schneckenhaus. Deshalb müssen sie mehr Schleim produzieren, um ihren Körper vor dem Austrocknen zu schützen – und die Bananenschnecke bildet da keine Ausnahme.

Schleim-Bungee

Wenn eine Bananenschnecke auf einem Ast entlangkriecht und sein Ende erreicht hat, wendet sie einen Trick an, um wieder herunterzukommen: An einem langen Schleimfaden lässt sie sich wie mit einem Seil herab. Sie sondert so lange den zähen Schleim ab und verlängert damit ihr »Seil«, bis sie auf dem Boden angekommen ist. Mit ihrem dicken, gelben Lcib, der manchmal braune Flecken auf dem Rücken hat, sehen diese Schnecken aus wie Bananen, die vom Baum hängen.

Schleimometer

Es gibt kaum etwas Ekligeres, als durch den Wald zu wandern und plötzlich eine baumelnde Bananenschnecke ins Gesicht geklatscht zu kriegen.

Gesamtwertung: 8

Landschnecken haben in der Regel zwei Paar Fühler vorn am Kopf. Ein Paar hat meist Augen, das andere ist zum Fühlen und Schmecken.

Mit ihrer Raspelzunge zerkleinern Schnecken ihre Nahrung: Blätter, Gräser und andere Pflanzenteile.

Schleimalarm!
Mit 25 cm Länge ist die Bananenschnecken-Art *Ariolimax columbianus* in der Pazifikregion die zweitgrößte Land-schnecke der Welt.

Schwammkugelkäfer

Stell dir vor, du würdest dich nur von Schleim ernähren: Schleim zum Frühstück, Schleim zum Mittagessen und abends wieder Schleim. Wenn dir das nicht gefällt, dann sei froh, dass du kein schleimpilzfressender Käfer bist. Denn der macht genau das.

Glänzender Panzer

Der Schwammkugelkäfer ist selbst gar nicht schleimig. Wie andere Käfer auch, läuft er auf sechs Beinen und hat einen festen Panzer (Außenskelett). Nur seine Fressgewohnheiten sind ganz schön schleimig. Die meisten Käfer haben eine große Speisekarte; sie fressen andere Insekten-Arten oder Pflanzen. Doch dieser Bursche hat sich auf lebenden Schleim spezialisiert.

Seltsame Diät

Diese winzigen, nur 4 mm großen Käfer sind auf der ganzen Welt zu Hause und leben im Holz toter Bäume. Sie ernähren sich von Schleimpilzen – das sind sehr spezielle Lebewesen, die wiederum auf totem Pflanzenmaterial wachsen. Schleimpilze gehören zu den seltsamsten Lebewesen unserer Erde (s. S. 72–75).

Schleimometer

Obwohl er schleimige Fressgewohnheiten hat, ist dieser Käfer selbst schleimfrei und damit nicht sehr eklig.

Gesamtwertung: 2

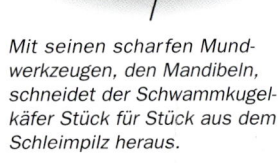

Mit seinen scharfen Mundwerkzeugen, den Mandibeln, schneidet der Schwammkugelkäfer Stück für Stück aus dem Schleimpilz heraus.

Schleimalarm!
Die größten Schleimpilz-
Arten erreichen eine
Fläche von mehreren
Quadratmetern. Sie
sind aber nur
hauchdünn.

Schaumzikade

Mit tastenden Händen die Pflanzen in einer blühenden Wiese zu erkunden, kann sehr angenehm sein – solange du nicht in einen Schleimklumpen greifst, der aussieht wie Spucke.

Schleimometer

Der Schaum der Schaumzikade ist nass und klebrig, und im Sommer gibt es viel davon – aber wenn du nicht gerade hineinfasst, ist es nicht so schlimm.

Gesamtwertung: 3

Spucke – oder doch nicht?

Welches Tier hat denn hier hingespuckt? Keines – denn es ist gar kein Speichel. Dieser schaumige Schleim stammt von der Schaumzikade.

Schützender Schaum

Schaumzikaden gehören zur Insektengruppe der Schnabelkerfen und sind nicht größer als 1 cm. Die Jungtiere, Nymphen genannt, erklettern Pflanzenstängel und saugen den Saft der Pflanzen aus. Einen Teil davon scheiden sie wieder aus und schlagen ihn zu Schaum. Der scheußlich schmeckende Schleim schützt die Nymphen vor Fressfeinden und hält sie zudem in kalten Nächten warm.

Wenn der Schaum sich wieder verflüssigt, tropft er auf die Erde.

Chemische Stoffe aus dem Pflanzensaft machen den Schaum bitter.

Die Jungtiere der Schaumzikaden sehen schon aus wie kleine erwachsene Tiere; im Gegensatz zu vielen anderen Insekten-Arten haben sie keine Madenform.

Schleimalarm!
Ausgewachsene
Schaumzikaden können
bis zu 70 cm hoch
springen. Zum Glück
produzieren die Alten
keinen Schaum
mehr …

Schleimiges an Land

Tintenfischpilz

Es gibt Schleim, es gibt übel riechenden Schleim, und dann gibt es noch den total widerlich stinkenden Schleim, den der Tintenfischpilz (auch: Tentakelpilz) produziert. Der Geruch erinnert an irgendetwas zwischen Kläranlage und vergammelndem Fleisch.

Schleimometer

Igitt! Für seinen besonders ekligen Schleim und diesen fürchterlichen Gestank bekommt der Tintenfischpilz die volle Punktzahl!

Gesamtwertung: 10

Weit gereiste Schleimschleuder

Der Tintenfischpilz wird etwa so groß wie deine Hand. Ursprünglich ist er in Australien zu Hause, doch inzwischen hat er auch andere Länder und Kontinente erobert und wächst seit Kurzem sogar auf Hawaii.

Die Fliegen lieben ihn

Zuerst wächst eine kleine eiförmige Pilzkugel heran, später entfalten sich rote Arme, sodass der Pilz aussieht wie ein Seestern. Ganz unten an den Armen tritt der Schleim aus, Gleba genannt, und lockt Fliegen an.

Fliegen lieben den Geruch von verrottendem Fleisch, den der glitzernde braune Schleim ausströmt.

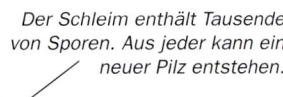

Der Schleim enthält Tausende von Sporen. Aus jeder kann ein neuer Pilz entstehen.

Die Gleba muss genauso gut schmecken, wie sie aussieht – zumindest für Fliegen. Denn die verschlingen das Zeug ganz gierig und fressen dabei die Sporen mit.

Wenn die Fliege davonfliegt und anderswo ihr Häufchen hinterlässt, verteilt sie dabei die Sporen. So verbreiten sich die Tintenfischpilze.

Schleimalarm!
Aus Australien wurde der Tintenfischpilz unter anderem nach Europa eingeschleppt. Seine Sporen sorgen für die unaufhaltsame Verbreitung der stinkenden Pracht.

Sonstiger Schleim

Schleim sieht meistens nicht nur scheußlich aus, sondern fühlt sich oft auch eklig an und riecht nicht gut. Da kann es einem schon schlecht werden, wenn man nur daran denkt … Doch Schleim gehört nun mal zum Leben. Auch dein Körper produziert täglich eine ganze Menge davon!

Bevor wir unser Essen herunterschlucken, vermischen wir es im Mund gründlich mit einer Art Schleim – Speichel oder schlicht Spucke genannt. Eine andere Schleimart kleidet unsere inneren Organe aus, z. B. die Lunge, und schützt sie dadurch. Wenn wir krank sind, reichert sich der Lungenschleim mit Keimen an. Auch beim Verrotten oder Verfaulen von toten Tieren oder abgestorbenen Pflanzen entsteht Schleim – denk nur an verschimmelnde und vergammelnde Lebensmittel. Bei anderen Formen von Schleim gibt es noch viel zu erforschen. Wissenschaftler finden zum Beispiel, dass die unscheinbaren Schleimpilze (s. S. 72–75) zu den interessantesten Lebewesen der Erde gehören.

Flecken von Hefe und Schleimpilzen – beides Pilz-Arten – bedecken diesen vergammelnden Kürbis.

Speichel

Speichel ist für Lebewesen enorm wichtig. Ohne ihn könnten wir unsere Nahrung nicht kauen und schlucken. Unsere eigene Spucke ist völlig harmlos – aber wie sieht es mit dem Speichel von anderen Tieren aus?

Speicheldrüsen

Der Speichel kommt aus Speicheldrüsen, die im Kopf um den Mund herum liegen. Damit wird unsere Nahrung weich und kann leichter die Speiseröhre hinabgleiten. Außerdem stecken im Speichel Enzyme: chemische Stoffe, die unsere Nahrung im Körper in ihre kleinsten Bestandteile zerlegen, sodass wir daraus Energie gewinnen können.

Tödlicher Schleim

Manche Tiere, wie z. B. Spinnen, spritzen ihren Speichel in den Körper ihres Beutetiers. Die Enzyme darin verflüssigen die inneren Organe des Tiers, sodass die Spinne ihre Beute »trinken« kann. Das Gift vieler Schlangen ist für das Opfer unmittelbar tödlich.

Schleimometer

Fast alle Tiere produzieren Speichel. Aber bei manchen ist er besonders eklig: Er schäumt und tropft und trieft in Strömen …

Gesamtwertung: 6

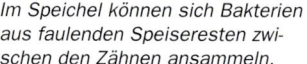
Im Speichel können sich Bakterien aus faulenden Speiseresten zwischen den Zähnen ansammeln.

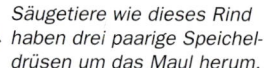
Säugetiere wie dieses Rind haben drei paarige Speicheldrüsen um das Maul herum.

Der Speichel des Komodo-Warans ist voller Keime. Davon wird das gebissene Opfer krank.

Schleimalarm!
Übermäßige Speichel-
produktion ist oft ein
Zeichen für eine Krankheit,
allerdings hängt es von der
Tier-Art ab, welche Menge
»normal« ist.

Sonstiger Schleim

Auswurf

Auswurf, also der Schleim, den wir beim Husten produzieren, ist mit Abstand die ekelerregendste Körperflüssigkeit, die wir Menschen von uns geben. Und er ist immer ein Zeichen dafür, dass etwas nicht stimmt.

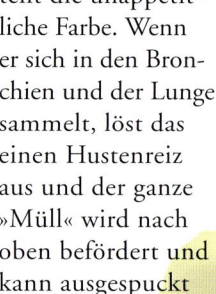

Abwehrreaktion

Die Membranen (= Häute), mit denen unsere Lunge und die Bronchien ausgekleidet sind, produzieren den Auswurf. Sie werden feucht gehalten durch eine bestimmte Art von Schleim, den die Mediziner Mucus nennen. Wenn Fremdkörper (wie Rußpartikel) oder Keime (Viren, Bakterien) in die Membranen eindringen, reagieren sie, indem sie noch mehr Schleim produzieren.

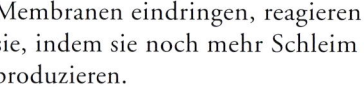

Die runden Teilchen sind Bakterienhöfe.

In dieser Auswurfprobe sehen wir in etwa 400-facher Vergrößerung gelbliche Fasern aus getrocknetem Schleim.

Die rötlichen Gebilde sind winzige Fetzen von der Schleimhaut der Luftröhre.

Müllabfuhr

Der Auswurf besteht aus Schleim, abgestorbenen Hautzellen und anderen vom Körper abgesonderten Bestandteilen, wie Schmutz- und Staubpartikel oder abgestorbene Keime. So entsteht die unappetitliche Farbe. Wenn er sich in den Bronchien und der Lunge sammelt, löst das einen Hustenreiz aus und der ganze »Müll« wird nach oben befördert und kann ausgespuckt werden.

Ein Gemisch aus Auswurf und Spucke wird Sputum genannt.

Schleimalarm!
Der Auswurf eines Menschen, der von Hakenwürmern befallen ist, kann Larven dieser Parasiten enthalten.

Sonnentau

Ein durstiges Insekt entdeckt im Sonnenlicht glitzernde Wasser-tropfen auf einem Blatt. Es landet auf der Pflanze, um zu trinken. Doch die vermeintlichen Wassertropfen sind in Wirklichkeit kleb-riger Schleim: Das Insekt wird zur Beute der hungrigen Pflanze.

Fleischfresser

Der Sonnentau wächst auf Moorböden, die arm an be-stimmten Nährstoffen (Stickstoff und Phosphor) sind. Des-halb muss die Pflanze Insekten fangen, um aus diesen die fehlenden Nährstoffe zu gewinnen. An den Blättern sitzen zahlreiche kleine Haare, deren Spitzen kleine Tropfen sehr klebrigen Schleims absondern.

Insektenbrei

Wenn ein Insekt gefangen ist, rollen sich die Blätter langsam zusammen und »wickeln« die Beute dabei ein. Dann sondern die Härchen Substanzen ab, die den Körper des Opfers verflüssigen. Diese »Suppe« kann die Pflanze dann über die Blattoberfläche aufnehmen.

Die Härchen reagieren auf die feinste Berührung.

Je heftiger das Insekt zappelt, umso enger schließt sich die Falle.

Schleimometer

Insekten sollten einen großen Bogen um die Klebefallen des Son-nentaus machen, für uns Menschen ist er aber nicht gefährlich.

Gesamtwertung: 2

Schleimalarm!
Dank seines Schleims kann der Sonnentau sich Zeit dabei lassen, seine Falle zu schließen. Anders als die Venusfliegenfalle, deren trockene Falle blitzschnell zuklappen muss!

Schleimfluss durch Bakterien

Wenn du einen Baum siehst, bei dem Schleim am Stamm herabläuft, kann das auf eine Krankheit hinweisen. Aus der Ferne mag der Baum gesund aussehen – aber bei näherer Betrachtung erkennt man eine Wunde, aus der schaumiger, faulig riechender Schleim austritt.

Schleimometer

Solange du kein Baum bist, hast du von dem klebrigen und stinkenden Schleim keinen Schaden zu befürchten.

Gesamtwertung: 3

Bakterienbefall

Verschiedene Krankheiten (z. B. Feuerbrand) führen bei Bäumen zu Schleimfluss. Durch eine Wunde in der Borke – etwa weil ein Ast abgebrochen ist – dringen Bakterien ins Innere des Baums ein. Sie breiten sich aus und verändern den Pflanzensaft, der durch die Wunde austritt. Dieser wird dann auch noch von Fäulnisbakterien und Pilzen besiedelt. Das Ganze läuft als Schleim den Stamm hinunter. Vögel und Insekten werden angelockt und schädigen den Baum zusätzlich.

Verbreitetes Problem

Von Bakterienkrankheiten sind zahlreiche Baum-Arten in Wäldern, Gärten und Parks betroffen, z. B. Eiche, Ulme, Buche, Birke, Ahorn oder Kirsche. Solche Krankheiten sind schwer zu bekämpfen, denn die Keime, die sie verursachen, kommen praktisch überall im Boden vor.

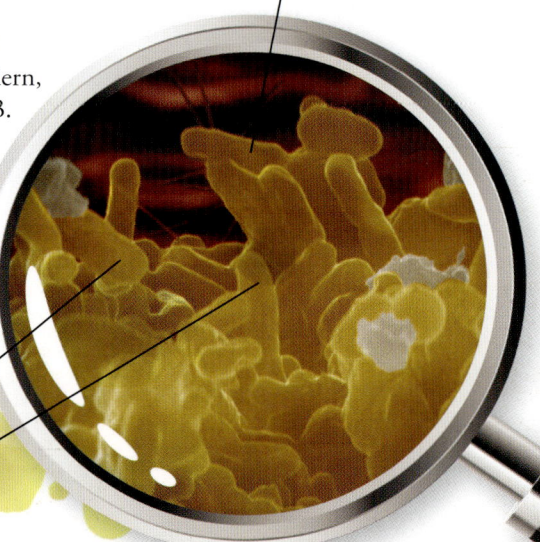

Der Schleimfluss bei Ulmen wird vom Bakterium Enterobacter cloacae *verursacht.*

Diese Aufnahme zeigt Bakterien in 5000-facher Vergrößerung.

Die Bakterien haben eine charakteristische Stäbchenform.

Schleimalarm!
Der Schleimfluss lockt oft Fliegen an, die ihre Eier hineinlegen.

Sonstiger Schleim

Verdorbenes Gemüse

Frisches Gemüse ist knackig und fest – lecker! Doch alte Teile, weich und mit schleimigen Stellen, mögen wir weniger … Das aber ist die Welt der Zersetzer oder Destruenten.

Kleine Flecken von Hefe sitzen auf dieser Kürbisscheibe.

Trocken und kühl lagern

Destruenten nennen die Biologen Bakterien, Pilze, Hefepilze und andere Mikroorganismen, die sich von toten Pflanzen- und Tierkörpern ernähren. Sie brauchen es warm und feucht. Wenn wir unsere Nahrungsmittel trocken und kühl lagern, können wir den Befall mit Destruenten deshalb herauszögern, doch ganz verhindern lässt er sich nicht.

Die Samen mit ihrer harten Schale halten den Destruenten länger stand als das weiche Fruchtfleisch.

Kreislauf der Nährstoffe

Der Abbau beginnt bereits in dem Moment, wo eine Frucht oder ein Gemüseteil von der lebenden Pflanze getrennt (geerntet oder abgeschnitten) wird. Die Zellen verändern sich, und das macht sie anfällig für Destruenten. Durch kleine Wunden in der äußersten Haut oder Schale dringen die Mikroorganismen ein. Im Kreislauf des Lebens ist die Arbeit dieser Wesen sehr wichtig, weil dadurch aus totem Material neue Nahrung entsteht. In der Küche aber haben wir diese Vorgänge weniger gern …

Schleimometer

Zersetztes Gemüse zum Abendessen? Igitt! Das bringt die farbenfrohesten Schleimtypen hervor.

Gesamtwertung: 6

Schleimalarm!
Verbrecher mit vergammeltem Gemüse zu bewerfen, war eine verbreitete Strafmaßnahme im Mittelalter.

Sonstiger Schleim

Gallertpilze

Bei feuchtem Wetter kannst du im Wald auf verrottendem Holz manchmal glitzernde Schleimbläschen finden. Sie sehen vielleicht nicht so aus, aber es sind Lebewesen, nämlich eine bestimmte Gruppe von Pilzen.

Totengräber des Waldes

Pilze ernähren sich von toten Pflanzen. Einige Arten wachsen auch auf lebenden Bäumen. Der größte Teil des Pilzkörpers besteht aus einem Fadengeflecht, das, für uns unsichtbar, im Boden oder innerhalb des Holzes wächst. Was wir sehen – der Hut mit dem Stiel –, ist der sogenannte Fruchtkörper. Dieser setzt Sporen frei: ein feiner Staub, aus dem neue Pilze entstehen.

Zitterpilze

Bei trockener Witterung schrumpft der Gallertpilz und trocknet zu einem harten Gebilde ein. Ist es feucht, dann schwillt er zu einer gallertartigen Masse an. Weil diese Pilze bei Erschütterung zittern wie Wackelpudding, haben sie auch den Namen Zitterling bekommen.

Manche Arten gleichen eher schleimigen Blüten als Pilzen.

Die Unterseite des Fruchtkörpers ist bedeckt mit kleinen, weichen Stacheln.

Von jedem dieser Stacheln werden zahlreiche mikroskopisch kleine Sporen in die Luft entlassen.

Schleimometer

Die schleimigen Fruchtkörper der Gallertpilze sind nicht gerade etwas, was wir essen würden. Aber sie tun uns nichts.

Gesamtwertung: 4

68

Schleimalarm!
Manche Gallertpilz-Arten verästeln sich wie Korallen, andere sehen eher aus wie Seetang.

Roter Gitterling

Es sieht aus wie eine leckere Tropenfrucht, beträufelt mit Schokoladensoße. Doch der Eindruck täuscht. Nur Fliegen finden diesen Schleim lecker.

Schleimometer

Schleimig, stinkig und über und über mit Fliegen bedeckt – igitt! Der Rote Gitterling verdient eine hohe Punktzahl.

Gesamtwertung: 9

Rote Körbe

Der Rote Gitterling ist ein Pilz mit kleinen roten, korbförmigen Fruchtkörpern von etwa 5 cm Durchmesser. Wenn sie reif sind, quillt ein grünlich brauner Schleim daraus hervor. Er wird Gleba genannt und enthält Millionen mikroskopisch kleiner Sporen. Aus jeder Spore kann wieder ein neuer Pilz entstehen.

Dieser Fruchtkörper ist gerade aufgegangen und man kann die korbartige Form erkennen.

Widerlicher Gestank

Der Rote Gitterling gehört zu den Stinkmorcheln und macht diesem Namen alle Ehre: Die Gleba riecht scheußlich, ähnlich wie eine Mischung aus Abwasserkanal und vergammelndem Fleisch. Doch Fliegen und andere Insekten lieben diesen Geruch und krabbeln in dem Schleim herum. Dabei bleiben Sporen an ihren Füßen kleben und werden wieder abgestreift, wenn sie an einem anderen Ort landen. So werden die Sporen verbreitet.

Die Gleba mit den Sporen bleibt an den Füßen von Fliegen und anderen krabbelnden Besuchern haften.

Schleimalarm!
Der Rote Gitterling stammt aus Europa, wurde aber mit Pflanzenerde nach Nordamerika verschleppt und verbreitet sich nun auch dort.

Zelluläre Schleimpilze

Hast du schon einmal den Waldboden mit einer Lupe untersucht? Im Laub kannst du etwas entdecken, das aussieht wie eine Nacktschnecke. Doch in Wirklichkeit handelt es sich um eine ganze Gruppe von einzelligen Lebewesen: Zelluläre Schleimpilze.

Dieser Schleimkörper ist auf einen Baumstumpf gekrochen und hat seine schleimige Spur hinterlassen.

Massenwanderung

Ein solcher »Schleimkörper« besteht aus vielen Tausend Individuen, die sich wie ein einziges Lebewesen zusammentun. Wenn die Umweltbedingungen passen, breitet sich die Schleimmasse als dünne Schicht vieler Zellen auf dem Boden aus. Doch wenn es ungemütlich wird, formt sich die Kolonie zu einer Art Schlange und kriecht davon, um sich einen besseren Ort zu suchen!

Und jetzt alle zusammen!

Diese große Gruppe einzelner Lebewesen sieht also nicht nur aus wie ein einziges Wesen, sondern bewegt sich auch so. Die Wissenschaftler haben noch nicht herausgefunden, wie das funktioniert: Wie machen die einzelnen Zellen es, dass alle wissen, wann sie in eine bestimmte Richtung kriechen müssen? Es gibt also noch viele Geheimnisse im Schleim zu entdecken …

Schleimometer

Es krabbelt und kriecht, es ändert seine Form und es scheint auch noch intelligent zu sein?! Dieser kriechende Schleimbatzen verdient eine anständige Punktzahl.

Gesamtwertung: 7

Schleimalarm!
Zum Glück werden
diese »Schleimschne-
cken« nicht größer
als etwa 6 mm.

Echte Schleimpilze

Schleimpilze machen keinen Schleim, sie sind der Schleim – eine Art lebender Rotz, wenn man so will. Echte Schleimpilze bestehen, ebenso wie die Zellulären Schleimpilze, aus Zigtausend einzelligen Lebewesen, die sich zu einer Kolonie zusammengetan haben. Sie kann mehrere Quadratmeter groß werden.

Lebender Schleim

Trotz ihres Namens sind Schleimpilze keine »richtigen« Pilze, sondern bestimmte Formen von Einzellern, die in Kolonien leben. Die einzelnen Zellen haben keine feste Wand, stattdessen umgeben sich die Zellgruppen mit einer gemeinsamen Schleimhülle.

Lange Zeit dachten die Forscher, Schleimpilze gehörten zu den Ständer- oder Hutpilzen. Daher der Name, obwohl sie mit ihnen nicht verwandt sind.

Hexenbutter

Schleimpilze gibt es überall auf der Welt, wo in warmem, feuchtem Klima Pflanzen absterben. Eine besonders hässliche Art, die Gelbe Lohblüte, wächst gern in Gärten. Sie sieht ein bisschen aus wie Erbrochenes und heißt im Volksmund »Hexenbutter«.

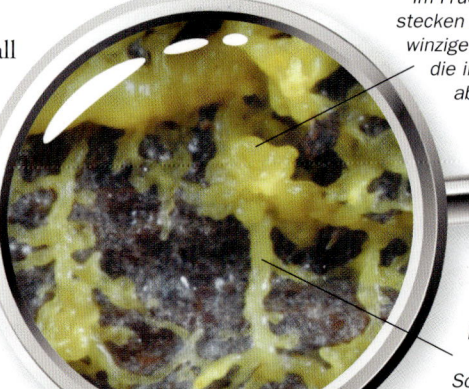

Im Fruchtkörper stecken Millionen winziger Sporen, die in die Luft abgegeben werden.

Mithilfe kleiner Röhrchen kann der Schleimpilz über den Boden »gehen«.

73

Schleimalarm!
Diese Schleimpilze haben eine bestimmte Art von Intelligenz: In Versuchen fanden sie den kürzesten Weg durch ein Labyrinth, um an Nahrung zu gelangen.

Glossar

ablaichen   Eierlegen der Amphibien

Außenskelett   Harte Schale oder Panzer, der bei Tieren, die keine Knochen haben (z. B. Insekten → Weichtiere), den Körper von außen stützt und schützt

Bakterienhof   Eine Art runder Fleck, der entsteht, wenn Bakterien zu einer → Kolonie heranwachsen

Beute   Tier, das anderen Tieren (→ Räubern) als Nahrung dient

Biolumineszenz   Licht, das manche Tier-Arten (v. a. Insekten, Meerestiere) mithilfe bestimmter Chemikalien erzeugen können

Destruenten   (auch: Zersetzer) Kleinste Lebewesen (u. a. → Mikroorganismen), die sich von toten Tieren und Pflanzen ernähren und diese dabei in ihre kleinsten Bestandteile zerlegen. Diese Bausteine gehen dann als Nährstoffe wieder in den Naturkreislauf über.

Drüse   Bestimmter Teil des Körpers, der Schleim oder andere Substanzen (z. B. Schweiß, Speichel) abgibt

Einzeller   Lebewesen, das nur aus einer einzigen Zelle besteht

Enzym   Chemischer Stoff, der eine bestimmte Aufgabe im Körper hat, z. B. Nahrung zu verdauen

Fressfeind   Tier, das für ein anderes Tier ein → Räuber ist

Fruchtkörper   Der sichtbare Teil der Pilze, der einen Stiel mit Hut bildet. Der Hut enthält die → Sporen, mit denen der Pilz sich fortpflanzt.

Gleba   Klebriger Bestandteil bestimmter Pilze, der die → Sporen enthält

Hefe   (auch Hefepilze) Bestimmte Gruppe von Pilzen. Auch die Hefe, mit der wir backen, gehört dazu.

immun   Widerstandsfähig gegen Krankheiten oder Gifte

Individuum   (Mehrzahl: Individuen) Einzelnes Lebewesen

Keim   Lebewesen (in der Regel zu den → Mikroorganismen gehörend), das Krankheiten verursachen kann

Kolonie   Zusammengehörige Gruppe zahlreicher → Individuen

Laich   Eier von Amphibien

Larve   Jungtier bei bestimmten Tiergruppen, die im Lauf ihres Heranwachsens ihre Gestalt verändern (z. B. Insekten)

Made   Spezielle, wurmartige Form einer → Larve, z. B. bei Fliegen

Membran   Fachwort für eine (dünne) Haut

Mikroorganismen   Weder Pflanzen noch Tiere, sondern eine eigene Gruppe mikroskopisch kleiner Lebewesen. Hierher gehören z. B. Bakterien, Viren oder Schleimpilze.

Nesselzelle   Spezielle Zelle bei Quallen (Übergruppe: Nesseltiere), die ein Gift und eine Art »Nadel« enthält, mit der das Gift dem Feind oder der Beute verabreicht werden kann

Parasit   Lebewesen, das anderen Lebewesen Nährstoffe entzieht, dabei auf oder in ihm lebt und ihm so meist schadet

Phosphor   Chemischer Stoff (chemisches Zeichen: P) und zugleich wichtiger Nährstoff, vor allem für Pflanzen

Plankton   Winzige Tiere und Pflanzen, die in großen Mengen frei im Wasser schwimmen (»schweben«)

Räuber   Tier, das andere (lebende) Tiere fängt und frisst

Sporen   Winzige, staubartige Körnchen, die bei Pilzen und bestimmten Pflanzen (z. B. Farnen) ähnlich wie Samen der Fortpflanzung dienen

Stickstoff   Chemischer Stoff (chemisches Zeichen: N) und

zugleich wichtiger Nährstoff für Tiere und Pflanzen

Weichtiere   Große Gruppe von Tieren, die keine Knochen haben; hierzu gehören z. B. Muscheln und Schnecken.

Wirbellose   Tiere, die keine Wirbelsäule haben (Tiere mit Wirbelsäule heißen Wirbeltiere.)

Register

Bildnachweis

Der Verlag dankt folgenden Agenturen und Fotografen für die freundliche Genehmigung, ihre Bilder zu verwenden:

1 Shutterstock/Jiri Heral; 2 Shutterstock/Steffen Foerster Photography; 3 Corbis/Michael & Patricia Fogden; 5 Philip Baird/Mushroom Observer 6ul Alamy/Worldthroughthelens-medical; 6o Alamy/Peter Arnold, Inc; 6ur Getty Images/Photolibrary/Michael Pitts; 7ol Shutterstock/Peter Baxter; 7ur FLPA/Cyril Ruoso; 8 Ardea/Auscape/Densey Clyne; 9 Shutterstock/Anteromite; 10 Science Photo Library/Dr. Jeremy Burgess; 11 Image Quest Marine; 12 Photolibrary/OSF/Mark Conlin; 13 Nick Hobgood/Encyclopedia of Life; 14 US Geological Survey; 15 Getty Images/Photolibrary/Michael Pitts; 16 NaturePL/Nature Production; 17 FLPA/Frank W. Lane; 18 NaturePL/Brandon Cole; 19 Corbis/ Brandon D. Cole; 20l Alamy/cbimages; 20M Shutterstock/Laitr Keiows; 21 Alamy/Wildlife GmbH; 22ul FLPA/Frans Lanting; 22ur & 23 Shutterstock/Nikita Tiunov; 24–25 Shutterstock/John A. Anderson; 26 NaturePL/Christophe Courteau; 27 Photolibrary/WaterFrame/Underwater Images/Wolfgang Poelzer; 28Ml Shutterstock; 28ur Shutterstock/Peter Baxter; 29 Shutterstock/Gertjan Hooijer; 30–31 Shutterstock/Jip Fens; 32Ml Shutterstock/Fivespots; 32ur & 32o Alamy/Martin Harvey; 33 Corbis/Michael & Patricia Fogden; 34 Corbis/Michael & Patricia Fogden; 35 Photolibrary/Fotosearch; 36–37 lamy/Design Pics Inc; 38–39 Ardea/D. Parer & E. Parer-Cook; 40l NaturePL/Jürgen Freund; 40r Shutterstock/Johan Larson; 41 Shutterstock/Jason Mintzer; 42 Shutterstock/Dr. Morley Read; 43 NaturePL/John Downer; Productions/Rod Clarke; 44 Springbrook Research Centre, Queensland, Australia; 45 FLPA/Michael & Patricia Fogden; 46ul Shutterstock/Jiri Hera; 46uM FLPA/Maurice Nimmo; 46Mr Shutterstock/Ivostar; 47 Alamy/Oliver Smart; 48l Shutterstock/Steffen Foerster Photography; 48r Shutterstock/Dee Golden; 49 Nathan deBruyn/Eon Photography; 50–52 Christoph Benisch; 52l Science Photo Library/Dr. Morley Read; 52ur Science Photo Library/Stephen J. Krasemann; 53 Science Photo Library/Dr. John Brackenbury; 54 Shutterstock/Noam Armonn/Le Do; 55 Corbis/Michael & Patricia Fogden; 56–57 Science Photo Library/Astrid & Hanns-Frieder Michler; 58 Alamy/Bison; 59 FLPA/Minden Pictures/Cyril Ruoso; 60 Science Photo Library/SCIMAT; 61 Alamy/Worldthroughthelens-medical; 62 FLPA/Minden Pictures/Jim Brandenburg; 63 Corbis/Frans Lanting; 64 Science Photo Library/Eye Of Science; 65 USDA/Forest Service/Forestry Images/Joseph O'Brien; 66 Science Photo Library/Dr. Jeremy Burgess; 67 Shutterstock/Nikita Tiunov; 68ul Alamy/Peter Arnold Inc; 68or Science Photo Library/Vaughan Fleming; 69 Alamy/Peter Arnold, Inc; 70 Alan Rockefeller/Mushroom Observer; 71 Philip Baird/Mushroom Observer; 72 FLPA/Richard Becker; 73 FLPA/Minden Pictures/Sterre Delemarre; 74 Kim Fleming/Flickr/Myriorama; 75 FLPA/Richard Becker; 76 Photolibrary/David M Dennis; 77 Getty Images/National Geographic Creative/Stephen Sharnoff; 78 Shutterstock/Ivostar; **Umschlag vorne:** Shutterstock/Jason Mintzer; **Umschlag hinten:** iStockphoto/Brandon Alms; Shutterstock/Jiri Heral/Peter Baxter/Dr. Morley Read.
Alle anderen Fotos: Shutterstock